꿈꾸는 가로수

꿈꾸는 가로수

곽 정 순 시집

도서출판 천우

늦가을, 장미 한 송이로 피어나다

정진헌(건국대 교수 · 시인)

곽정순 시인과의 만남도 어느덧 삼 년이 흘렀다. 뉘들문학 동인으로 처음 그를 만났을 때 소녀처럼 수줍어하던 모습이 기억이 난다. 시 쓰는 것이 어렵다던 그의 겸손함과 순수함이 뇌리를 스친다.

시인은 오랫동안 전도사의 길을 걸으며 사랑을 실천한 분이다. 기독교적 사랑을 통한 삶의 애정이 온전히 첫 시집에 담겨 있다. 사역자로서 늘 바쁜 나날 속에서도 시 쓰기를 통해 소소한 일상을 문학으로 승화시켰다. 그리고 자연과의 동일화를 통해 이웃과 가족에 대한 따뜻한 사랑을 노래했다. 그동안 걸어온 삶의 자취가 늦가을 장미 한 송이로 피어난 것이다.

일찍이 괴테는 "하늘에는 별이 있고, 땅에는 꽃이 있고, 인간에게는 사랑이 있다."라고 했다. 시인의 삶에도 별이 있고, 꽃이 있다. 그리고 사랑이 있다. 그는 우주적 상상력과 자연물에서 인간의 참된 의미를 발견한다. 또한 그의 삶에는 미화원, 할머니, 광대 청년 등 소외된 계층에 대한 애정의 시선이 두드러진다. 시인의 휴머니즘 정신이 기독교적 사랑으로 전이되고 있는 것이다.

그의 시안은 항상 일상적 삶에 맞춰져 있다. 시는 삶이다. 삶이 시가 될 수 없지만, 시로 삶의 진정성을 발견하고 노래할 수 있는 것이다. 이것이 시인의 사명이자 특권이다. 현학적인 시적 의장 없이도 삶을 아름답게, 또는 위트로, 때로는 그리움으로 노래할 수 있는 것이다. 이를 그가 잘 보여주고 있는 것이다.

시가 우리 삶으로부터 점점 멀어지는 것은 가슴 아픈 일이다. 시인의 이번 용기는 우리에게 또 다른 공감과 울림으로 다가왔다. 그가 시적 언어로 재단한 삶의 단상들, 축복이 아닐 수 없다. 그는 앞으로도 사랑의 언어로 시의 정원을 가꿀 것이다. 시는 위안이자 구원이다. 그가 노래하는 사랑의 언어가 세상의 아픔을 지울 것이다. 시집 발간을 축하드린다.

● 시인의 말

어렸을 적에는 책 속에 묻히는 것만으로도 행복했습니다. 나이가 드니 시 공부만 해도 좋겠다는 생각이 들었는데, 점점 꿈이 늘어나더니 이제는 시집 한 권 내는 꿈을 넘어 많은 분들이 이 시를 읽어주시길 바라게 됩니다. 무슨 말이 더 필요하겠습니까. 시인은 시로 말한다지요. 스스로의 욕심에 끝이 없다는 것을 새삼 느끼며 아직 완성하지 못한 시 한 편으로 마무리를 지을까 합니다.

그땐 눈이 내렸다.
촛불을 든 오빠 언니들 틈에 끼어
기쁘다 구주 오셨네 부르며
동네를 돌던
아름답고 설레던 그 밤

나는 오늘 예수님께
무엇을 드릴까.
옛날 옛날에 색동옷 입고
춤을 추었던 여섯 살 소녀의
하얀 마음을 드릴까.
그것 말고는
아무것도 드릴 것 없네.

2021년 가을

곽정순

제1부

낡은 밥상

● 시인의 말

제2부

개구리 울음소리

제3부

마당에 앉은 천사

제4부

꿈꾸는 가로수

제5부

밤하늘 그믐달

제1부

낡은 밥상

교실 앞 하얀 목련

교실 안을 들여다보는 하얀 목련
학창 시절 여선생님을 닮았네

늘 입는 하얀 자켓엔
얼마나 많은 꽃 감추었길래
선생님 구두 소리 희미해도
짙은 꽃향이 먼저 달려올까

꽃향따라 날아온
허기지고 초라한 꿀벌들에게
목련은 자기 꿀을 조금씩 나누어 주었지
안 그런 척, 모르는 척

그때는 몰랐네
꽃 속에 씨가 있다는 것을

목련꽃이 떨어진 후에야
선생님의 씨앗이
내게도 떨어져 있다는 것을

개망초 한 송이

하얀 모시 적삼 같은 꽃
친구에게 주려 꺾었더니
손 내미는 사람 아무도 없네

흔하디흔한 꽃이라며
외면하고 손가락질하지만

외톨이 상처 가슴에 묻고
작은 틈새 뿌리 내려
논두렁을 가득 채우고
신을 하얗게 물들여 놓았네

서러운 눈물 꽃잎으로 닦으며
환하게 웃는 개망초처럼

모시 적삼에 고단한 삶을 닦으며
언제 어디서나 인자하게 다가오는
또 하나의 개망초

이 꽃이 그리우면
살며시 손을 내밀어 보아요

무화과

그 흔하게 피는 꽃
멀리서만 바라보던 어머니

젊었던 손은 거칠어지고
평생 한 벌 옷 바꿀 줄 모르더니
어느새 고운 모습 날아가 버렸네

미처 꽃도 피우지 못한 삶
마디마다 응어리가 되었나

푸르스름 멍든
마음 한 덩이 불쑥 꺼내 보인다

머리 다듬기

제멋대로 자란 더벅머리
모나고 볼품없어
맘에 안 들어
싹둑싹둑
여기저기 가위질

싹둑 자른 머리
예쁘게 고르니
십 년 아래 동생이
거울 속에 앉아 있는 듯

머리만 자르지 말고
모난 마음도 잘라주면
늙은 마음도 십 년은 젊어지겠지

참새

울 안 측백나무에 사는 참새떼가
앞마당에 날아와 제법 시끄럽다
뿌려놓은 좁쌀을 먹어 행복해서일까

뒤돌아서면 배고픈 어린 시절
학교에서 나눠준 우유 한 컵
꽃피는 등나무 그늘에 앉아
우유와 함께 마시던 배고프던 날의 꿈

삶의 반이 지난 나는
열매가 촘촘한 시인의 나무 그늘에서
화사하게 물든 언어의 이파리를 먹으며
꿈을 열어 본다

참새떼가 찾아들어
옆구리까지 즐겁게 들썩이던
그 옛날의 측백나무처럼
짹 짹 짹

미화원

코끝 사르르 한 새벽, 이른 잠을 놔두고
변함없이 하루를 여는 햇살은 아직 먼데

아이들 떠드는 소리 사라진 동네의 늙은이들
한숨이 먼지처럼 차곡차곡 쌓이고

수레를 끌고 흩어진 민심을 모으고 쓸어 닦는
늙은 아버지와 붉은 얼굴의 청년

무거운 그림자를 끌고 다니는 그들의 모습에서
먼 기억 속의 오라비가 숨어 있다

병든 아버지를 위해 피를 뽑던
오라비의 창백한 낯빛
자기 먹으라고 준 헌혈 빵
맛있게 드시던 아버지를 바라보던

오라비의 눈은
저들의 눈이었다

내가 탄 승용차, 환한 불빛에 비켜선
그들의 모습을 보며
먼 그리움과 미안함
붉어진 얼굴에 비춰 어른거린다

봉숭아 화단

햇살이 말갛게 씻은 얼굴로
뜨락에 살포시 내려앉을 때
화단에 물 주러 오는 할머니

사랑을 한가득 부어주고
그 촉촉한 사랑을 먹고

연지보다 더 붉은 꽃을 피운 봉숭아

할머니의 닳고 닳은 거친 손끝에
불그레한 고운 마음
싱그럽게 녹아 있네

새벽 박꽃

잊고 지낸 세월 속에서도
선명하게 생각나는 얼굴

먼저 간 단짝 친구 그리워
밤새워 울던 내 열세 살 닮은 꽃

엷고 투명한 하얀 미소 잊지 못해
그리움 담뿍 담긴 하얀 꽃을
낡은 초가지붕에 올려놓고

내 마음
새벽 박꽃처럼 웅크린 채
시름시름 앓고 있다

낡은 밥상

맛있는 것 당신 많이 자시라고
반찬 그릇 젓가락으로 밀어주던 그 사람

서로 먹겠다고 눈을 흘기던
그러나 이쁘던 자식들 어린 모습도 보이던

닦아도 닦아도 지워지지 않고
지울 수도 없는 사랑의 자국들

내가 이 낡은 밥상을

바꾸지 못하는 이유

제비꽃

길가 얌전히 핀 제비꽃 한 무더기
그 곁에서 환하게 웃는 아이 얼굴

폰이 울린다
이제는 훌쩍 자라버린
맞벌이하던 친구 딸
백일 지난 삼일 만에
내게로 온 아기

걷고 뛸 때까지 내 딸처럼 자란 아이
제비꽃 필 때 꺾어준 두어 송이
손에 쥐고 살포시 잠든 아이

저녁 집으로 돌아갈 때면
떨어지기 싫어 칭얼거렸지

건강하게 살아주렴
다시 한번 제비꽃 옆에서
그때처럼 같이 웃으며 뛰어다니길

논바닥

군대 간 아들 머리 같은 논
겨우내 감지 못해 눈 비듬 히끗
그래도 반가운 것이 있다네

아침이면 햇살을 두르고
철새 떼가 밥 먹으러 날아와
논바닥을 닥닥 긁어가며
눈 비듬 털어내고 이 잡아준다네

어릴 적 울 엄마 무릎 내음
스멀스멀 코에 스미고

내 머리 속속 헤쳐 가며
머릿니 사냥하는
마디 굵은 손가락 어디에
엄마표 수면제가 묻어 있는지

누가 업어 가도 모르게
꿀잠을 잤다네

색색 뜨개질

코바늘에 건 그리움 후회 몇 줄
미련까지 뜨다 보니
어느덧 남은 실은 자투리뿐

자투리 털실로 무엇을 뜰까
노란 명예의 왕관을 뜰까
빨간 풍요의 사과를 뜰까

아니아니
그런 것을 뜨기에는
남은 실 색깔이 없어
남아 있는 하얀색 레이스만 떴다

내 삶에 그려진 무늬는
노란 왕관도 빨간 사과도 아닌
하얀 레이스

매화 핀 꽃길

그늘진 마당 한구석
모진 겨울의 눈물 닦아내고
매화가 꽃잎을 후두둑 떨어낸다

중학교 입학식 날, 매화꽃길이 예쁜 교정
아버지와 함께 춤을 추듯 걸었지만
일 년도 머물지 못하고
입학식 사진 한 장, 손에 꼭 쥔 채
먼 곳으로 가버리신 아버지

나는 아버지 없는 꽃길 대신
추운 그늘 길로만 걸어 다니며
다시는 그 꽃길을 걸을 수 없었다

그렇게 혼자 보내던 학창 시절
춥고, 햇살이 들지 않는 그늘 길
다시는 매화를 못 볼 줄 알았는데

구석에 쌓인 눈을 뚫고
어느새 피어있는 매화 한 그루

눈 속에 피어난 매화의 향기처럼
그렇게 아버지는 때때로 살그머니

내 삶의 그늘 길에 찾아오셔서
힘든 내 어깨 다독거려 주시며
내 곁에 살포시 피어계셨다

그 옛날 중학교에 입학시키시던
아버지의 마음같이
나는 지금도 꽃길로 입학한다

붙박이 벽화

사월
봄도 겨울 같던 곳
음침하고 시커먼
달천동 고가도로 밑

“벽화를 그리자”
물걸레로 목욕시키고
붙박이가 될
나무와 꽃 동물을 그렸다

자녀들 집 떠나
언제나 다리 밑에
앉아 있던 노인

벽화를 구경하는
사람들이 반가워
해질 때까지 벽화 옆에 붙어 있다

나무
꽃
동물
그리고 지팡이 짚은 할아버지
내가 그리지 못한
벽화의 마지막 조각

겹삼잎국화

지난해 이른 봄
한뿌리 얻어온 겹삼잎국화
마당 수돗가 화단에 심어놓고

언제 자리 잡을까
행여라도 바람에 날릴까
하루가 멀다 하고 나와봤더라지

겨울이 지나도
언제까지나 작은 새싹
마냥 푸르른 떡잎인 줄 알았더니

어느새 자기 닮은 예쁜 꽃 만나
무성하게 뿌리를 내리고 있었다

물도 별로 못 주고 거름 없는데
그렇게 들풀처럼 살아왔는데
어느덧 다른 싹을 퍼뜨리고 있구나

내 마당을 가득 채워도 좋아
온 마당을 노란 겹삼잎국화로 메워
더위를 쫓아낼 수 있게

제2부

개구리 울음소리

어느 시인의 시비

글이 좋아
명예 욕심
등 뒤로 던지고
시만 사랑한 시인

정 깊고 아름다운 시
강물처럼 흐르는데

비 내리는 여름
해 뜨면 사라지는 안개처럼
오던 길로 되돌아갔다

이 땅의 지인들
바위에 낀 먼지
벗겨내고 닦아내도

청빈이 지나치던
임 닮은 시비하나
세우기 힘이 든다

삭힌 고추

기세등등 우리 할매
갓 시집온 울 엄니 길들이듯
약 오른 고추 뚝뚝 따
항아리에 넣고 간장 부어
돌로 눌러 놓으셨네

찬바람 매서우면
속앓이 깊은 엄니 속처럼
푹 삭아 밥상에 올랐어도
나이 든 사람만 먹는 거라며
나는 젓기락 한번 안 주었네

옛날 그 할매 같이
텃밭에서 키우고 따서 삭힌 고추
하나 가득 집어 들어 내 입은 행복한데,
어릴 적 밥상 앞의 내 모습처럼
눈길 한번 주지 않는 아들

아들아,
언젠가 그리움 한 숟갈이 남게 된다면
그때는 상에 오른 삭힌 고추
집어들 거야

껌 씹는 수돗물

목마른 텃밭 상추
시원한 물 먹여주고
호박 가지 오이
뽀득뽀득 목욕 시켜
맛있는 요리로 출세시켰다

어느덧 헐렁해진 수도꼭지
낡아버린 수도관

열심히 일한 더운 여름 지나
고인 물이 꽁꽁 얼어붙는 매시운 겨울

내가 얼면 안 되지
시린 가슴 부여잡고 버티는 수돗물

궂은일 박봉도
다행이라 여기며
한 방울 한 방울
똑 똑 짝

얼지 않기 위해
고단함에 씹는 껌도
똑 똑 짝

마트 앞 광대 청년

설 전야 마트 앞

풍선을 불어
곱은 손으로
아이들에게 나누어주는 광대 청년

이 추운 날
얇은 광대 옷을 입고
언 손을 비비며 떨고 있다

집으로 가는 길
머뭇머뭇

두꺼운 옷을 입고 장을 본 뒤에도
무언가 남아있는
편치 않은 내 마음

저 청년
광대 노릇 끝나면
감기약값 치르고
남는 것 있으려나

호두

동그라미 속에서
먹고 자던
알맹이

이런저런 소리
들리는
껍질 밖 세상

진짜 진짜
궁금해
문 열어달라고
껍데기를 툭툭

조금만 기다려
십 개월 후엔
껍데기 밖으로 내보내 줄게
그때 구경 맘껏 하거라

너의 멋진 모습
보고 싶어
이 할미도 시간을 깨고 있단다

밥상 위의 파리

폐지 줍고 돌아온 할매의 밥상
날된장에 고추 서너 개
물 말아 한입 떠먹어야지

할매 소리 들었는가
된장 냄새를 맡은 건가
소리 없이 나타난 파리
밥에 조금 된장에도 조금

에이 이놈의 파리
밥상에서 빙빙대다
할매의 파리채에 납작해졌다

에그 여기서 빙빙대지 말고
고기 냄새 나는 옆집에나 갈 것이지

밥상머리 파리는 잡았는데
할매 돈 빨아먹은 큰 파리 잡을
왕파리채는 어디 없나

할매는 오늘도 파리채를 휘둘러본다

부침개 부치기

모란꽃 피는 사월
신혼부부의
담장 없는 마당

동네 아낙들 모여
시끌벅적
마당에 가득 찬 기름내음

신랑의 함박웃음
신부의 예쁜 미소

한군데 섞어 넣어
걸쭉하게 버무리고

노랗게
고소하게
부부의 삶 부쳐낸다

타지 않게
설익지 않게
신이 난 뒤집개가 춤춘다

버려지는 나이

이웃집 문밖
딱지 붙여 나온 반닫이
고치고 닦아 놓으면
아직도 쓸 만한데

일터에선
이제 쉬셔야지요
집에 가만히 앉아 계세요

끈질기게 버티어
한 이백 년쯤 살면
골동품이라 대우받고
버려지는 나이에도
걸려들지 않겠지

춤추는 키다리 풍선

세일을 시작한 매장
노랫소리 흥겨운 매장 입구에서

모든 것 다 가진 듯
어깨를 들썩들썩
신나게 춤을 추는 키다리 풍선

어느덧 세일 끝나
보이지 않는 사람들

불빛 화려한 밤에도
쉬지 않고 멋지게 춤추던 일
아직도 선명한데

바람이 빠진 풍선
접고 접혀서
다음 행사를 기다린다

간이역 철로변에서

연한 바람 한 줄기만 불어도
통째로 흔들리던 나의 열여덟 살처럼

기차가 달려가는 쪽으로
허리 휘게 흔들리던 코스모스
나도 한참 나이 든 소녀가 되어
코스모스 한가운데 서 본다

소녀의 가슴 한쪽처럼
하늘 끝까지 설레는 바람 소리
가을 풀벌레 소리

어느새 빠르게 흘러가는
삶의 바람 소리 가운데 내가 서 있다

개구리 울음소리

너는 지금 무엇을 하니

조용히 잠들지 못하고

밝고 맑은 마음
뛰어난 재주 펼치고 싶어도

보이지 않는 길
열리지 않는 문

네가 세상에 나올 때처럼
소리쳐 울지 못하고

천인국 필 때면
개구리 울음소리 더 요란한데

너의 노래는 어느 때에나
울타리를 넘나들까

차단기가 차별하고 있어

시내 조그만 병원 주차장
경차 너는 안 돼
입구의 차단기가 만차 표시

검은 중형차 어서오십쇼
허리 굽혀 인사하며 올라가는 차단기

텅텅 비어 있는 주차장 한 편
풀 먹은 한지처럼 붙어 있는 고급 차
덩달아 으스대며 길을 막는 차단기

아, 큰 차만 통과시켜준다 이거지?

다음에는 대형 트레일러를 몰고 와야겠다

날아가는 돈

눈이 달렸대요
요리조리 살피다가
먹거리 있는 곳으로 날아간대요

가난하고 맘씨 좋은 사람 질색이야
성실하고 깨끗한 사람 재미없거든
병상에서 기다려도 알 게 뭐야

낯 두꺼운 사람 얼굴에 좀 앉았다가
더럽고 냄새나는 곳에
알 까러 가야지

성실한 사람이 아껴 모아도
나는 친구 있는 데로 날아가지
양심 없고
깨끗한 곳 싫어해도
모든 사람이 찾아와
내 앞에 엎드리거든

돌 맞은 돌쟁이

음식 지폐 연필 실타래
무엇을 집을래?

돌쟁이는 이것저것 만져보다
실타래를 집어 신나게 풀어 헤친다

지구를 묶어 굴리려고 하나
빛나는 것을 꿰어 목에 걸고 싶은가

둘둘 말린 실
얽히고설킨다

돌쟁아,
이다음에 이 실을 꿰어

따뜻한 옷 만들어
헐벗은 이 입혀주고
가슴 아픈 사람들 상처도
아프지 않게 꿰매어주렴

젓가락 두 짝

시집올 때 해온 내 젓가락
수십 년이 되어도 그대로

가끔 속 콕콕 찌르고
때로는 삐뚤빼뚤 어긋나서 밉지만

모나고 딱딱해도
맛있고 부드러워도
언제나 함께 집어주는 한 쌍

시간이 흘러도
부러지지 말자
구부러지지 말자
짝 잃어버리지 말고
다 닳을 때까지
오래도록 함께 젓가락질하자

곶감 상자

설
도시로 간 아들이 보내온 택배
상자를 여니
하얀 미리가락
쪼글쪼글한 주름
줄지어 앉아 있는 노인들

더 이상
푸릇푸릇한 열정
촉촉한 꿈은 없어도
은은히 퍼져나가는
원숙한 향기

아침마다 보이는
농부의 그림자
아낌없이 사랑 주던
감나무 이야기
처마 밑에 매달려 들은
비바람의 노래

상자 안
곶감들이 들려주는
아련한 삶의 이야기

제3부

마당에 앉은 천사

하늘의 해파리

해수욕장에 해파리 출몰
수영객들은 조심하세요
TV 뉴스가 시끄럽다

우리 집 하늘에도 해파리 출몰
바다 대신 하늘의 해파리
두둥실 봄바람 타고
우리 집 텃밭 점령

바람 그치자
해파리 내려앉은 곳
노란 꽃 하얀 꽃
민들레 왕국 피어나고

벌 나비 다녀간 후
다시 날아오를 준비를 하는
하늘의 해파리
민들레 홀씨

다음 목표는 이웃집 텃밭이다

교회 가는 길

등산객 발걸음으로 바쁜
산마을 긴 계단
개미행렬의 길 안내 따라
실바람이 머무는 교회

간간이 찾아와
무겁게 지고 온
마음의 짐 풀고 가는 사람들
민들레 씨앗처럼
마음이 가벼워졌나

해도 사람도 산 넘어가고
산마을에 불빛도 팔랑팔랑

누군가를 기다리던
교회의 빨간 지붕
하품을 하고

오늘 만난 사람 위해 기도를 마친
성직자의 속눈썹도 서서히 발을 내리는
산마을 작은 교회

벌벌벌

벌벌벌
추위에 벌벌 떨까 봐
마음이 급해진 벌들

이 꽃 저 꽃 다니며 긁어모은 꿀
뒷다리에 매달고 집으로 간다

벌벌벌
명절을 지내고 귀경하는 벌들
집에 있는 좋은 것 탈탈 털어
싸고 또 싸서
손에 가득 쥐여 주며 포근하게 웃는 꽃

지지 마세요.
그 사랑 오래오래 받고 싶어요

봄맞이꽃

메마른 논두렁에
천사가 하얀 별 가루를 쏟아놓았나
그 별 가루로 단장하고
봄맞이꽃이 신부를 맞으러 찾아왔네

시집 못 간 동네 처자들의
마음도 덩달아 울렁울렁
온 동네가 들썩들썩 잔치 열렸네

제일 예쁜 신부를 맞았다고
온갖 꽃과 새와 나비가 춤을 추네

살아생전
나도 한 번쯤은

저 별 가루 같은 꽃들의
요란한 축하를 받으며 등장하는
예쁜 신부가 되었으면

화사한 봄맞이꽃처럼
행복한 꿈을 꿀 수도 있을 텐데

텃밭 유치원

아직도 쌀쌀한 이른 봄
텃밭 한가운데서 햇빛이 출석을 부른다
집 앞 담벼락반 깻잎 어린이!
측백나무 옆 밭고랑반 하늘나리 어린이!
봄 되어 유치원에 아이들이 모여들듯
연초록 새싹이 눈을 뜨고 있다

가만히 들여다보면
갓난아기의 배냇 웃음이
금방이라도 흘러나올 듯 신비하다

햇빛 선생님의 돌봄 속에서
쭈욱 쭈욱 힘을 다해
까치발을 치켜세우는 새싹
재네들은 지금 저 눈으로
새 세상 어디쯤을 보고 있을까
튼튼하게 자라렴

모두 다 건강하게
텃밭 유치원을 졸업하자꾸나

어느 시인의 마을

문 열고 차 한 잔
아이들 놀이터
손자 손녀들 손 잡고 다니던 마을

매미가 시끄럽게 울던 어느 날
큰 손이 큰 건물을 짓고
옛길 아스팔트로 덮으며
줄 그어 지워버렸다
관청은 멍하니 나 몰라라

푸르던 나무
매연에 젖고
낯선 사람 어슬렁
대문 닫아버린
어느 가난한
시인의 마을

벌레와 국화

연한 국화 이파리 제 것인 듯
배 터지게 갉아먹는 먹보 벌레

잡아도 잡아도
그 이파리에 또 앉아 있네

저 벌레 낳아 놓은 어미 밉지 않은지
예쁜 말 한마디 건네기 싫을 텐데

화단에 가득한 국화는
꼭꼭 아껴놓은 꿀을 먹여주며
화사하게 웃어주네

이제는 알 것만 같다
국화의 얼굴이 왜 그리 다정한지
그 마음에서 나는 향이 왜 그리 그윽한지

허수아비의 마음

넓은 들녘에 허수아비가 서 있다
매서운 밤바람에 무서울 텐데
긴 밤 뜬눈으로 꼬박 새운다
옆에 친구라도 하나 있었으면
이렇게 외롭지는 않을 텐데

넓은 들녘에 허수아비가 서 있다
이슬에 젖어 떨면서도
참새떼가 툭 치고 달아나도
여전히 그대로다
새총 든 개구쟁이 소리라도 들리면
이렇게 힘겹지는 않을 텐데

저 멀리 허수아비
자기를 만든 주인이 고마웠는지
제 할 일 다하려 끝까지 서 있다
허수아비 가슴엔 짚만 있는 줄 알았는데
짚 대신 곧은 마음 가득가득 들어있네

이 넓은 들녘에 나도 서 있다
옆에 친구 없어도
찬 이슬을 맞아도
귀찮은 참새떼에 시달려도
허수아비 마음으로 들녘에 서 있다

마당에 앉은 천사

달천동 교회 마당에
시집온 지 육십여 년

동네 시끄럽게
노래방 차린 참새 떼
어깨에 앉혀

언니에게 꿀밤 맞고 우는 아이
무릎에 앉혀 토닥토닥

머리 위로 올라가는 개구쟁이
귀찮아도 떨어질까 받아주고

햇살이 괴롭히면
시원한 그늘 깔아
바람 부채 부쳐주며
같이 자란 소꿉친구에 쉼터 내준

어느 주일 오후 느긋한 교회 마당
천사 느티나무

맨드라미 이불

여름 가뭄에
타는 목 가누며

마당 한 편에
홀로 서 있던 맨드라미

잠 못 들며 기다리던
비 한 방울에 생긴 걱정

싸늘해진 가을바람
품에 안은 씨앗들 추울까

빠알간 머리 풀어
극세사 이불을 짜

머리 내민 씨앗들의 손과 발
꼬옥 눌러 덮는 손길

그 손이 참 따스하다

싫다, 가을비

어쩌란 말이냐
봄부터 허리 휘게
심고 거름 주어
누렇게 익은 벼

풍년들어 부자가 된 듯
고단함도 잊었는데

해를 젖히고
지겹게 내린 비
그만 싹이 나버린 벼
농부는 실망해 주저앉았다

청개구리 같은 천사의 심술

이다음에 하늘로 돌아가면
인정머리 없는 천사
수염을 뽑아서라도
버릇을 단단히 고쳐놓아야겠다

들켜버린 마음

메주콩 거두어간 자리
알갱이 주워보니 한 줌

반찬 만들어 맛있게 먹고

떨어진 콩
또 있을까

헛일인 줄 알면서
자꾸 가는 발길

한번 맛본 콩 반찬에
염치없어진 욕심

가시오가피

오월
짧은 시간에 내놓은
빛나는 새순

이때가 맛있다고
몸에 좋다고
우수수 훑어가는
억센 손

멋진 모습
이대로 놔두세요
가시로 찔러도
쓴맛 잔뜩 머금어도
봄도 다 안 가
몸통만 남았네

손대지 않고
바라만 봐줘도
행복할 텐데

청령포의 소나무

사진만 찍지 말고
내 이야기 좀 들어줘

동강 건너 큰 소나무
울타리 안에서 소리 지르지만
누구 한 사람 들으려 않네

늘 찾아와 시름을 덜고
놀다 가던 소년 단종
동강에서 잠든 슬픈 사연
알려주고 싶어

강 건너는 사람들을
애타게 기다리다가
오늘도 옆에 있는 바위에게
이 사연을 또 들려준다

늦가을 장미 한 송이

예쁜 꽃
때 늦게 피어나 곱게 웃네

꽃처럼 살고 싶다던 어머니
그러나 여리디여린 당신
빨간 꽃잎처럼 고춧물 든 눈으로
쉼 없이 살아오던 꽃

칼바람 한 자락에
여지없이 쓰러진 얼음 장미
달아나는 꿈
이제는 빛바래 하얗게 변한 꽃잎

그래도
그 모습 그대로 남아있어 준다면
어머니 눈빛 같은 바람이 분다면
아릿한 꽃향기 담아낼 수 있겠지

제4부

꿈꾸는 가로수

몽돌 난로

남쪽 해변의 몽돌 마을
잘하는 일 하나 없어
하늘만 보던 몽돌 형제가
꿈을 꾼다

수석을 찾는다던 중년 남자
모가 났다고
막 짜낸 행주 같다고
몽돌 형도, 몽돌 동생도
물수제비로 던져버리고

쓰임 받고 싶은 몽돌
파도에 뒹굴며
모난 부스러기를 털어버린 어느 맵찬 겨울

"딱 이 정도가 좋을 것 같아. 모난 곳도 없고."

시골의 작은 교회에서
성직자의 손에 쥐인 몽돌 형제는
사랑을 전하는 손난로가 되어
신자들의 시린 손을 녹여주었다

줄넘기하는 달

줄넘기하는 둥근 달
전깃줄 넘고 또 넘어
땀이 날 땐 가끔 구름이 닦아준다

모깃불 타는 마당
아이들 시끌짝 놀았었는데
불빛 화려한 지금
얘들아 놀자 달빛이 불러도
책가방에 눌렸는지
핸드폰과 노는 건지
창백한 아이들 창문에 가려졌네

어쩌다 창문 열어
달과 눈 마주쳐도
아이들은 낯설어한다

어느 날 책가방 하늘에 날리고
핸드폰 내던져서
마당 가득 웃음소리 터뜨리길 기대하며

달은 시무룩한 얼굴로
오늘도 혼자서 줄넘기한다

인형 놀이

애완견 시추
가끔 엄마 빼앗고
장난감은 고장 내
아가는 소나기 울음

아빠가 만들어준
못난 인형
침 묻히고
코 후벼도
화내지 않아

아가는 어느덧 인형을 안고
맘껏 뒤집고 엎으며
놀고 있네

잠

어젯밤 꿈나라
너무 재미있어
날 새는 줄 모르고
놀았는지

엄마 등에 얼굴 묻고
잠든 아기
깨울 수가 없네

콩나물과 꼬꼽쟁이*

아침 일찍부터
나물 할매 손에 들려
재래시장에 앉아
오가는 사람 살피는 콩나물

화려한 옷 걸치고
명품가방 손에 든 꼬꼽쟁이
명품값은 안 깎아도
콩나물값은 깎아 달라 한 줌 더 달라

이것저것 가득한 냉장고
비집고 들어가도
가사도우미 손길 한번 못 받고
그냥 삭아버릴 텐데

어느덧 어둑어둑
오늘도 다 못 팔았다며
파장을 준비하는 할매의 보따리 속
오가는 사람 살피는 콩나물

지친 할매의 허기를 채우는
정 많고 따스한 비빔밥 거리가 되어
콩나물은 가만가만 생각해본다
꼬꼽쟁이는 이 맛을 알까

* 꼬꼽쟁이 : 구두쇠의 방언

찬장 속 이야기

오래된 나무 찬장
시끌짝 빼곡히 진열된 그릇

백화점 최고가 자랑하는 유리그릇
희귀 명품 브랜드 뽐내는 도자기
서로 잘났다는 입씨름에
스텐 그릇은 구석에서 졸고 있다

물컵 찾겠다고 찬장을 연
주인집 딸내미 서투른 손짓에
유리그릇 도자기 그릇
나란히 바닥과 인사하며
사이좋게 이가 나가고

백화점 최고가
명품 브랜드
그게 무슨 소용이람
사금파리 되어버리면 소용없는데

주방 한구석에 졸고 있는
촌스럽고 값싼
스텐의 미소 보일 듯 말 듯

장갑

집안일로 고생한 손
조금이라도 감추고 싶어
마트에 장갑을 사러 갔다

매장에 죽 벌여 놓은 장갑
여기는 화려한 꽃무늬 레이스
저기는 품위 있는 털 장식
바로 앞의 반짝이는 광택 장갑도 좋네
내 손은 쪼글쪼글 거친데

괜찮아 괜찮아
장갑으로는 그거 못 하잖아
혼자서는 움직이지도 못하잖아
우리 손녀 부드러운 손을 잡으며
따뜻한 체온 부비부비
그런 거 못 하잖아

리모컨 누르기

보기 싫은 녀석이 나왔다
다른 채널 돌리려
리모컨 만지작만지작

슬픈 영화 따분해
재미있는 프로 찾으려
리모컨 만지작만지작

맘에 드는 것이 없네
전원 오프
리모컨 만지작만지작

참 간편하네

우울할 때면
밝은 곳으로
살다가 힘들면
행복한 곳으로

버튼만 누르면 편하게 바꾸어 줄
그런 삶의 리모컨 어디 없나요

꿈꾸는 가로수

도로에 서 있는 신호등
삼색등 한번 깜빡
오던 차 멈추고
서 있는 차 지나간다

언제 나도 저렇게 할 수 있을까
신호등이 부러워
키 키우며
가지도 무성하게
오늘도 계속되는 가로수의 발돋움

꿈꾸며 나아가는 나무는
꿈꾸며 살아있는 사람은
상을 받아야지

가로수 가지마다
줄을 감아놓았다
신호등 삼색등 같이 크진 않아도
작은 보석 눈으로 만족해주렴

수많은 별들이
나무 위에 내려앉았다

와
여기 멋진 트리 좀 봐!

달걀

어미 닭
벌레 먹고 채소 먹어
달걀 한 개 퐁

갓 나온 달걀
꼭대기는
왜 분지처럼
비었을까

꽉 채우면
숨이 막힐까 봐
가득 차면
답답할까 봐

대신
어미 닭의 사랑을
넣어 놓았지

바람을 기다리는 대문

시골집 작은 대문
나이 들어 삐그덕
키다리는 구부리고 겸손하게 들어와
아이들은 다치지 않게 조심조심
야옹이는 안 돼, 못 들어와
오늘도 지친 몸 기댄 채 집을 지킨다

어느 날 지나간 세찬 바람
바람이 만들어 준 틈새로 문밖을 보니

물건 파는 트럭이 부르는 노래
전신주에 일 보는 멍멍이
페달을 밟으며 지나가는 자전거 청년
야옹이 넌 그래도 못 들어와

생기 도네

가끔 바람이 불어 바깥을 보는 것도 좋겠다

참기름 짜자

정성 들여 심은 참깨
텃밭 가득
눈물 콧물 떨어보니
달랑 한 되

짜고 짜낸 참기름
소주병 한 병

고민하며 머리 싸맨 지
한 달
씨름하며 골라낸
시제 몇 개

종이 몇 장 구기고 나온
시 한 편

양은 적어도
고소하면 좋겠다

개미의 겨울나기

방 한구석 땅콩 반개
새카맣게 몰려든 개미
잡아내면 또 나오고
어느새 없어진 땅콩
저것들은 벌써 월동 준비하나

달콤한 약의 유혹을 뿌리치고
끈끈이 언덕을 지나
한 입 한 입 물어 나른 부스러기
이것만 거두어도
이 겨울 따뜻해진다네

느린 윷놀이

설날 윷놀이
가족들 모여
시끌시끌 윷판 놓고

아이 손에 붙잡힌 윷
윷 나와라!
모 나와라!
에이 도 나왔네

도 나와도 괜찮아
느릿느릿 가면서
때로는 지친 아이 업고도 가고
숨이 차면 윷판 주변도 구경하며
숨 고르며 그렇게 가자꾸나

빨리 가면
빨리 내려와야 해
그래도 윷판 위에 있을 때가
행복하단다

이제 우리들의
느린 윷놀이를 해보자꾸나

함께 부르는 노래

한가한 점심시간
진동 놓은 휴대폰 부들부들
심심하니 전화로 노래 부르자

카랑카랑 내 목소리
낮게 깔리는 저음의 남편
목소리 안 이쁘고
노래도 따로 논다

똑같이 부르면
그건
돌림노래가 아니라지

앞서거니 뒤서거니
박자 따라 불러보면
언젠가는
그래그래 참 잘 어울린다
박수 칠 거야

이 노래
영원히 계속되기를

제5부

밤하늘 그믐달

징검다리 돌 하나

시내 한가운데 머리만 내밀고
찬 냇물에 떨고 있는
나는 초라한 돌

물고기 떼가 살살 비켜 가고
몸을 휘휘 감는 물살에
온몸이 잠겨
서 있기 피곤하지만

내가 그래도 서 있는 까닭?

내 자식돌이 내 뒤를 따라오고
그 자식돌의 자식돌이 그 뒤를 따라오면

우리가 서 있는 이 자리가
많은 이들이 행복하게 건너가는
징검다리가 될 테니까

새우 별자리

저녁 식사 시간
쌈배추에 무친 새우젓
수육 곁들여 맛있게 싸 먹고

먹을 것 찾는 아이에게
새우튀김 몇 개 쥐여 보내고

눈 쌓인 김장독 항아리에는
절인 배추에 새우젓 듬뿍

하늘에는
물고기자리도 있고
게자리도 있고
독 있는 전갈자리도 있는데

허리가 꼬부라지도록
식구들 고픈 배 채워주고
아이들 간식까지 챙겨주는
새우 자리는 왜 없는 건가요

날고 싶은 연

꽃이 휘청하게 부는 바람에
연을 띄워 당겼다 놓았다

높이높이 오르는 연
팽팽해진 줄 끊어질까

온 힘 다해 붙잡고
실랑이
땅에 고꾸라진 연

욕심껏 오르다간
줄 끊어져
하늘 어딘가로 사라졌을 텐데

붙잡아 줄 때
아쉬워도 순하게 내려오면
다음에도 하늘에 오를 수 있지

작은 트리

사람들이 환호하는
화려한 불빛
대형 쇼핑몰 트리

쇼핑몰 옆
키 낮은 집, 작은 트리

걸려 있는 것은
호일 구겨 만든 투박한 방울
색종이 오려 만든 못난이별

찾아오는 사람 없고
선물상자 안 보여도

오랜 기억
아름다운 추억
정 많고 따스한
노부부의 마음
트리에 알록달록 걸어놓았다

냄비를 버릴까

파 동태 고춧가루
냄비에서 보글보글
잘 익었나 보려다
앗, 뜨거워

늘 쓰는 것이
자꾸 상처를 준다

그냥 찌그러뜨려 밖에 버릴까
가까이하지 않았다면
냄비에 데지도 않았을 텐데

그래도 이 냄비를 버릴까 망설여진다면
그동안 냄비가 만들어 준
수많은 찌개들을 생각해 보아요

새싹

찬바람이 쌔앵 그리고 간
수많은 동그라미
그 동그라미를 열고
아기 손가락 같은 연둣빛 얼굴들이 빼꼼빼꼼

만져보면
갓난아기 마음처럼 보드랍고
들여다보면
엄마 품에 잠들어

신비로운 꿈을 꾸는
아기의 숨소리를 닮은 듯 비밀스럽다

아침이면
무엇이 그리 보고 싶은지

쭈욱 쭈욱 힘을 다해
기지개를 켜가며 깨끼발을 들먹인다

시래기

나는 햇빛만 보면 돼
좋은 것은 네가 많이 먹어
기름진 땅에서
튼실하게 키웠는데

어디서 나타난 손 하나
무 형제 쑥 뽑아
갈라놓았다

어디로 갔을까
무청은 처마 밑에 매달려
눈바람에 시들시들
소식 없는 동생 기다리며
하루하루 버티는데

눈 내리는 겨울
시래깃국에 곁들인 깍두기
무야 너 많이 빨개졌구나
형은 왜 이렇게 말랐어요

다시 만난 형제의 정으로
이야기 풍성한 저녁 밥상

설날 밤 고속도로

꽉 막힌
고속도로 하행선

붉은 별 노란 별
별들 모두 내려와
사랑 뿌리며
지나는 사람들 가져가시길

은하수도
연노랑 별꽃 깔아
밟고 가는 사람들
안전을 기도한다

더욱 아픈 것

가슴 속까지 들어오는 햇살
화려하고 설레는 봄인데
휑한 집 밖은
개와 고양이 세상

살그머니 들어온 전염병
콜록 소리에 눈치 보이고
이마가 뜨끈해도 가슴이 철렁

더욱 아픈 것은
한창 재롱떠는 칠 개월 손녀
얼굴 비비며 업어주고 싶은데

만날 수 있는 것은
답답한 핸드폰 속 얼굴뿐
보러 가지도 못하네

밤하늘 그믐달

밝게 빛나는
해가 부러워
갓 나온 초승달
빛을 모으고

부스스한 가로등 불빛
요란한 네온사인 불빛
모두 모아
보름달이 되었건만

어두운 밤하늘에
같이 웃던 별들
이젠 곁에 아무도 없고
희미한 샛별만 떠 있다

무엇이 잘못된 것일까
외로운 달에게
샛별이 들려주는 말

같이 빛나게 해 주렴

희미한 단칸방 전등에도 조금
지쳐 쉬고 있는 개똥벌레에게도 조금
달빛을 조금씩 나누어 주려무나

밤하늘 보름달
어느덧 그믐달 되었지만
더 이상 외롭지 않네
달빛을 나눠 받아 별이 된 모두가
어울려 같이 빛나고 있거든

빈집

담 높고 터 넓은 집
노부부 베풀며 사랑하다
흙으로 돌아가고

네 명 자식들
내 집이야 다투다가
모시풀에 내준
커다란 빈집

가뭄 끝 내린 폭우
누구의 눈물인지
기와지붕 와르르
무너져가는
흙담의 탄식 소리

노부부 흔적
사라진 틈새

언제 이 집에도
시끌짝
사람 소리 들리려나

눈이 내리면

우리가 세상 살다가
얼룩지고 구겨진 길들을 만나
미끄러지고 넘어져도

한발 한발 걸어가는 발자국 위에
어느새 눈이 내려
하얗게 덮어 놓았네요

그렇게 걸어온 길 뒤돌아보니
아픔도 슬픔도 그리움도
눈사람이 되어 서 있어요

슬프고 허기진 우리에게
쌀가루처럼 내리는 눈

그것은 하늘이 우리에게 주신
하얀 사랑인지도 모릅니다

사강(沙江)

맑은 물이 흐르는 강
큰물이 넘치는 곳 아니라도
깨끗한 물 흐르는 곳에는
살아 있는 모든 것들이 쉴 만한 물가

은빛 모래사장을 거느린 강
그 강변의 미루나무처럼
맑고 밝고 생기가 넘치는
은빛 강물처럼

이 세상에 영원히 흐르는
당신과 내가 되기를
두 손 모아 빌어보자

도둑고양이

지붕 위 새끼고양이 세 마리
낮에는 말달리기
밤에는 천장 박박 긁기

소리를 지르고 막대기를 동원해도
제가 주인인지 끄떡도 안 하네

구멍을 막아도 어떻게 뚫었는지
야옹야옹 약을 올린다

참나리꽃 질 때쯤
채송화 줄기 밟고 내 앞에 선 고양이들

"폐를 많이 끼쳤습니다."
인사하듯 쳐다보고 이사를 갔다

조용한 천장에
자꾸 가는 눈길

그림자

들녘에 나 혼자인가
돌아보니
잊어버린 그림자 하나

어둠 속에 숨어
보이지 않아도
나는 안다
그림자가 내 곁에 있다는 것을

나보다도 더 나 같은 그림자
꾸밈없이
가식 없이

그림자일 때가 더 멋있는 것은
아무런 색도 섞이지 않은
진정한 나의 참모습이기에

문학세계대표작가선 951

꿈꾸는 가로수

곽정순 시집

인쇄 1판 1쇄 2021년 11월 12일
발행 1판 1쇄 2021년 11월 19일

지 은 이 : 곽정순
펴 낸 이 : 김천우
펴 낸 곳 : 도서출판 천우
등 록 : 1992. 2. 15. 제1-1307호
주 소 : 서울시 성동구 무학봉28길 6 금용빌딩 2F
전 화 : 02)2298-7661
팩 스 : 02)2298-7665
http://moonhak.wla.or.kr
E-mail : chunwo@hanmail.net

값 13,000원

ISBN 978-89-7954-849-5